행복 취향

행복 취향

초판 1쇄 발행 2026년 3월 5일

지은이 권정희
펴낸이 권지현
펴낸곳 이음과펼침
책임편집 이음과펼침 편집부

출판등록 2025년 7월 21일 제2025-000129호
주소 서울시 서초구 양재동 392-3, 202B
이메일 connectnbloom@gmail.com
원고투고 connectnbloom@gmail.com
홈페이지 www.connectnbloom.com

ISBN 979-11-24329-19-1(03810)

· 가격은 뒤표지에 있습니다.

詩集 幸福趣向

행복 취향

권정희

이음과펼침

작가의 말

오랜 시간 함께했던
자식 같은 반려견들을
가슴에 묻고 보냈다.
아쉬움에 마음이 아파
회복하려고 노력하던 중에
사경과 독서, 글쓰기를 하며
슬픔을 달래고 있다.

큰 행복을 주었던
그 아이들과의
여러 추억과 기억들이
온 세상 곳곳에 펴져 있어
잊지 못할
콩, 롤, 훈을 위해
이 시집을 쓴다.

목차

친정 어머니

막내딸이라며
가장 예쁜 딸기만
항상 내게 먼저
건네주셨다

나를 닮았다며
평생을 봄처럼 살라고
당부하시던
한없는 사랑

금낭화

작은 주머니 모양으로
줄줄이 매달려 있다
바람이 살짝 흔들리면
종을 울리는 듯하고

송이송이마다
서로 다른 크기대로
작은 아이를 맨 앞으로
양보하는 모습이 참 곱다

엄마의 당부

언제나 행복하게
살아가라
멀리 있어도
마음에 남아 있다

힘이 빠지는 날에도
문득 떠올라
다시 일어서는 힘이 되는
엄마의 당부

인연

스쳐 가는 바람도
이름 모를 마음에 머물고
우연처럼 시작되어
필연으로 끝나는

수많은 만남들이
여러 가닥의 실이 되어
하나의 천으로 만드는
살아가는 이유가 된다

행복 취향

행복은 평범한 것
일상의 즐거운 보물찾기
길가에 핀 풀꽃에서
스쳐 가는 바람에도

마음은 언제나
즐거운 까닭에
작은 것에 미소 짓고
즐겁게 사는 취향

벚꽃

생각만으로도
설레는 봄
바람에 날리는 꽃잎
꽃구경 나온 사람들

나들이 나온 가족
서로 웃으며 걷는다
떠나가는 봄이 아쉬워
어두워지는 것도 모른 채

엄마의 익모초탕

새까맣게 우려낸
진한 색이 한약 같다
엄마가 건네준 마음과 달리
너무 쓴맛이 괴로웠다

하루에 세 번이나
먹여주시던 익모초
달인 물의 효과인지
엄마 정성인지 안 아파진다

오뚜기 인생

다시 일어서려는
끝없는 넘어짐이
아이처럼 비틀대도
멈추지 않는 기백

지금 머문 자리가
즐거운 놀이공간
언제나 넘어져도
길을 넓혀 나간다

아침 사과

얼굴이 반들반들
빨간 사과 한 조각
아직 덜 깬 이 아침에
졸음을 내쫓고

벗긴 사과향
입안에 퍼지면
번쩍 뜨이는 눈으로
새 아침을 맞이한다

매실청

초록빛 매실이 튼실하고
햇살 속에서 싱그럽다
유리병 속 쌓인 설탕에
서서히 어우러지면

푸른 향기로 변하여
새콤달콤이 가득
목을 타고 내리는 상큼함
우리 엄마 소화제

버선

새하얀 코끝이 뾰긋
따뜻하게 감싼 모습으로
옛집 마룻바닥을
사뿐히 내딛는 발걸음

바느질로 만들어 정성
한 땀 한 땀에 녹아나
걸음걸이마다 곱게
스며드는 전통의 숨결

실내 자전거

제자리 걸음처럼 타도
쉽게 숨이 찬다
풍경 없는 벽만 보고
흘리는 땀이 하염없고

한 걸음도 나가지 못해도
마음은 어디든 가고
헛바람을 가르며
페달만으로 세상을 누빈다

옥수수

뜨거운 여름 태양 아래
옥수수밭 사이로
알알이 빛나는 황금빛 구슬
단단함이 느껴진다

삶은 옥수수는
달콤함을 터뜨리고
입안 가득 펼쳐지는
여름 열기가 뜨겁다

믹서기

무섭게 생긴 칼날들이
유리병 안에서 세차게 돈다
과일과 채소가 서로 엉켜
색과 향을 바꾼다

물처럼 갈아지면
부드러운 주스로 변하는
기적 같은 도구 덕에
건강해지는 기분이다

토란

넓다란 토란잎이
조심스레 건드리면
맺혀있던 이슬이 구르고
휘청거리며 자리 잡는다

가끔 보이던 청개구리
큰 잎 뒤에 숨었다가
나를 놀래키고
빠르게 팔짝팔짝

너구리

어쩌다 밤길에
마주치는 너구리들
반짝이는 눈동자
그러나 엉킨 외투

풀 사이로 다니며
먹이를 찾는지
연실 두리번거리며
달님이 내준 길을 거닌다

번데기

본 적 없는 누에 덕에
번데기를 먹는다
모양은 기괴해도
맛이 좋아 손이 간다

입 안에서 톡 터지고
고소하게 씹히는 맛
어릴 적 장터에서
먹어보던 신기한 맛

해바라기

해를 향해 고개 들고
서 있는 너는
빛이 오는 곳을
끝까지 바라본다

바람결에 아랑곳 않고
방향을 잃지 않던
한결같은 마음으로
들판의 등대로 산다

물방울

작은 물방울이 똑똑
한 번씩 떨어지며
멈추지 않고
바위를 깨워준다

반복되는 시간 속에서
조금씩 깊어지고
멈추지 않은 노력들이
깨달은 나를 만든다

시래깃국

시래기 삶은 물에
구수함을 섞으려
흙내음 나는 된장을 풀면
밥 먹으라 부르던 엄마

무와 파가 춤추듯 어울린 솥
들깨 뿌려 옛 맛 찾고
밥 위에 올리면
어릴 적 부엌이 생각난다

미련

떠난 자리에는
빈 그림자만 남고
이미 닫힌 문을
바라보지만

포기 못 한 마음
이리저리 흔들려
그 시절 조각들을
붙이려고 애쓴다

아침 이슬

잎사귀 끝 맺힌 물방울
어젯밤에 빛나던 별을 품었다
햇볕이 내리쬐면
풀잎에서 사라진다

별과 해가 함께 하지 못해
머물다 떠난 자리에
더 푸른 빛의
새로운 낮별이 고개를 든다

강아지

사람보다 더
사람 같던 콩이

드라이브를 하며
바람 쐬기를 좋아했던 롤이

부스럭 소리 놓치지 않고
의자 옆에서 침 흘리던 훈이

온몸으로 마음을 전하던
사랑스러운 아이들

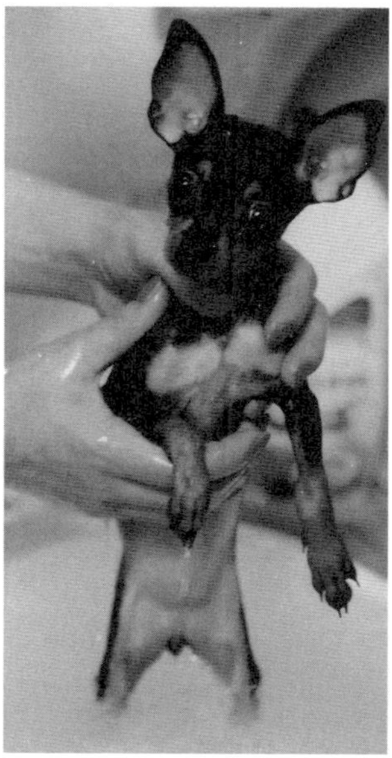

쌀뜨물

버릴 것이 없다시며
국을 만드시던
우유빛깔 쌀뜨물
엄마의 손등이 그립다

소박하지만 든든한 맛
영양이 고르게 퍼진 듯
맛있게 먹던 된장국
엄마 흉내를 내보고 싶다

우황청심환

금구슬같이 생긴 것이
묘한 향이 난다
쓴맛의 한약 냄새가
먹을까 망설여진다

금박에 쌓인 고급짐이
괜찮다고 타이르면
조금만 씹어보곤
얼른 삼켜버린다

보리밥

어렵던 시기의 음식
보릿고개라는 말이
이제는 별미가 된
보리비빔밥이 유행

나물과 함께 비비면
담백한 맛이 입안에 가득
소박하지만 멋진 한 끼 식사
옛 시절을 떠오르게 한다

수양버들

강가에 늘어진 가지가
물결 위로 흔들린다
연둣빛 잎사귀가
햇살 속에서 춤추고

물들이 속삭이는 소리
일일이 대답하듯이
바람이 시키는 대로
쉬지 않고 춤춘다

까치

하얀 가슴과 검은 날개
까치가 나무에서 소리친다
짹짹 울음소리 속에
무엇을 말하려는지

가져온 새 소식을
알고 들어보려고
귀를 쫑긋
행복하라고 전한다

들국화

작지만 당당한 얼굴
꼿꼿이 고개를 들고
여럿이 모여
가을을 지켜본다

저 넓은 땅이 화분
개천에 가득한
물소리를 듣고 자란
목마름 없는 편한 모습

감나무

가을이 오면
햇빛 단맛을 매달고
매일 찾아와준 까치에게
선뜻 선물한다

시샘하는 사람에게도
기꺼이 내어주고
까치와 사람 사이에
화해를 주선한다

가계부

단순한 숫자가 아닌
정성이 오간 한 달의 흐름
날짜에 맞춰 쓰다 보면
문득 놀란다

그 사이사이에서
생일과 기념일을 잊어
놓쳐버린 지출
미안함을 발견한다

재주

누구에게나 있는 것
스스로는 잘 모르는 것
자신 없고 두려워서
해보지 않은 탓에
끝까지 알 수 없는 것
누구에게나 있다
그것을 찾기 위해서
시도하는 용기가 재주

청국장

문을 여는 순간
퍼지는 구수한 냄새
온 집안 가득
스미는 추억의 온기

어릴 적 툇마루에 앉아
엄마가 해주시던
두부 넣은 청국장이
새삼 그립다

눈에 담긴 노란 빛
혀끝에 맴도는 여운
입안 가득 퍼진다

여유

목마른 이에게
천천히 마셔라
물을 건네며
띄운 버들잎

바쁜 하루 속
모든 이의 잔에도
서두름을 덜어줄
버들잎 하나

설득 육아

떼쓰는 아이
마음을 보고
대화로 문을 연다
이유를 설명하고
이해를 기다린다
믿음을 얻기 위해
느려보여도
따사로운 전쟁

고구마

서늘한 바람 불면
문득 떠오르는 온기
군불에 익은 껍질
손으로 열어보면

노란 속살이
따뜻한 김을 피우고
호호 불어 입으로
한겨울의 별미

부엌 도마

겹겹이 패인 자국이
안타깝지만
엄마 정성의 흔적
밥상의 웃음으로
환해지는 저녁
날 선 칼날을 받아내며
도와주는 배려
그 덕에 풍성한 식탁

마음 회복

꾹꾹 눌러 삼킨
서운했던 조각들이
마음을 찔러서
고여있는 눈물

집안 가득 번지는
행복한 웃음의 손수건으로
닦아내고 다독이면
다시 오르는 평온

편지

저녁 불빛 아래
가만히 펜을 들고
눌러 쓴 글자마다
말 못한 진심을 건넨다

고단했을 생활을
위로하고자 보낸 응원
써내려간 모든 글들은
내일이 더 나아지길

양파

흙껍질을
하나씩 벗겨
겹겹이 숨어있던
매운 속살

눈을 찌르는
알싸한 저항이
슬픔 없는
나를 울리네

솜사탕

설탕 한 스푼이
만들어내는
커다란 구름 뭉치
하늘빛에 반짝이며
달콤함을 알리고
사르르 침에 녹아
진해지는 달콤함이
치과를 떠올린다

지우개

비뚤게 적게 된
어제의 못난 글씨들
몸을 비벼서
조용히 문지른다

실수나 잘못들도
가루 되어 흩어지고
깨끗해진 종이 위에
비뚤지 않게 쓴다

TV 리모컨

손끝에 쥔 막대 하나
거실의 세계를 바꾼다
켜고 끄는 순간마다
시공간이 바뀌는 마술

요술램프 속 지니처럼
버튼 따라 이리저리
원하는 뭐든 해주려
분주하게 애써준다

전복죽

단단한 조각조각
뽀얀 죽 속에서 머문다
따뜻한 바다 향이 스며
연한 녹색의 죽이 된다

고소함과 감칠맛이
기력을 북돋는 듯
몸과 마음이 든든해
새 기운을 얻는다

책상 위 스탠드

모두가 잠든 밤
홀로 안 자는 전등
책상에 집중을 모으고
빛을 따라 글을 읽는다

보다 나은 내일을 위해
지혜를 찾아 나서는
초롱불 앞에
글 읽던 선비처럼

몽당연필

어느덧 길었던 연필이
아주 짧아졌다
자신을 줄여서
무지를 벗겨주던 열정

깎이고 닳은 만큼
차곡히 채워지는 지식
어릴 적 손가락이 아프도록
꽉 쥐고 쓰던 몽당연필

미역국

생일날의 미역국
많은 분들의 축하와
격려해주시는 메시지
내가 기억 못하는
아기 시절의 은혜
낳아주신 노고와
돌봐주시던 분들께
감사하며 먹는다

이불 빨래

물기 머금은 이불
마당 가득 펼쳐두면
찾아온 바람 한 점
머무는 햇살 한 줌

눅눅하던 자리마다
뽀얗게 스며들고
잘 마른 뽀송함이
행복의 잠을 돕는다

연근

진흙 속 깊은 곳
말없이 견뎌낸 시간
투박한 껍질 벗기면
드러나는 여러 숨통

그 구멍 사이로 키워낸
연꽃의 향기가
하늘에 퍼지도록
진흙 속에 박힌 연근

기다란 계단

차오르는 숨 사이로
다리의 통증이 느껴지면
올려다보게 되는
아득하게 긴 계단

올라가는 걸음마다
건강에 대한 믿음과
다리 아픔이 갈등하고
올라온 후 느끼는 만족

겹겹 희망

순수한 마음의 소원
손바닥 안에 놓이면
겹겹이 뭉쳐서
눈부시게 일어난다

오늘 위에 내일을 얹어
꾸준히 해나가면
사라지지 않는 바람
내 앞에 펼쳐진다

기다림

모든 것이 멈춘 듯
고요 속에 잠긴 자리
보이지 않는 곳에서
빚어지는 더 단단함

흔들어대는 바람 속에서
조용히 단련된 마음
버텨내는 시간만큼
넓어지고 깊어지는 삶

노래방

일상에 고단함을
마이크에게 하소연
잘 아는 박자에 맞춰
시름을 잊는다

내 마음 달래줄
곡조에 맞춰
목청껏 부르다 보면
기쁨을 얻는다

요리하는 남편

머릿속 레시피는
이미 다 그려진 듯
빠른 손놀림으로
김치를 만드신다

뜻밖의 재료가
처음 보는 맛이 되고
나보다는 더 잘하니
앞으로도 잘 부탁해요

키위

갈색 털을 입은
작은 공 하나
반으로 가르면
숨어지내던 초록빛

꼭꼭 박힌 씨앗들
새콤달콤한 속살을
단단하게 만드느라
애써왔을 다래

기대

기대하는 마음은
어딘가에 기대는 일
중심을 잃으려고
바깥에 맡겨두는 일

기대려던 마음을
담담함으로 바꾸면
스스로 설 수 있는
자신이 행복해진다

긍정의 말

남에게 건네주던
따뜻한 말들
이제는 거울 앞에
나에게 들려준다

밖으로 향하던 온기
내 안으로 데려와
타이르는 말들로
예쁜 꽃을 피운다

준비성

삶의 진정성은
겉으로 보이는 모습보다
보이지 않는 내면의
밀도로 정해진다

서두르지 않고 묵묵히
차곡차곡 쌓는 성실
그 준비의 정도가
풍요로운 삶을 만든다

소통

하고픈 말을 고르기 전에
먼저 귀를 크게 열고
끝나지 않은 이야기를
끝까지 들어준다

앞서려는 성급함 내려놓고
상대의 눈을 응시하면
맞춰지는 서로의 보폭
같은 길을 향한다

핫팩

차가운 주머니 속
온몸을 흔들며
스스로를 태워
온기를 만들어낸다

기꺼이 자기를 부수어
따뜻해질 수 있다면
누구에게나 추운 겨울이
행복해지는 계절

수박

새빨간 속을 감춘
초록 줄무늬의 코트
두꺼워 단단해 보여도
칼집에 쉽게 깨진다

혼자서는 감당 못 할
그 많은 속살이
온 식구가 둘러앉도록
한자리로 모아준다

요양병원

이주에 한 번
마주하는 고운 얼굴
세월이 내려앉아도
여전하신 단아함

고운 매무새로
스스로를 지켜내시며
환한 미소 속
품위가 머문다

명절 제사

지금의 내가 서 있기까지
길이 되어주신 분들
우리의 뿌리를 향해
감사의 인사를 드린다

정성으로 차려낸 상
온 가족 마음이 모이고
수많은 시간들을 여쭈며
선물 같은 새 날을 맞는다

고사리

움츠린 가냘픈 줄기
감겨있는 작은 손
나와 마주치면
함께 가자 부르는 듯

햇살에 말려두고
식탁에 올릴 때면
고소한 향기 속에
행복한 추억

더불어 살기

혼자서는 살 수 없는
연결된 많은 인연
다 알 수는 없어도
그 은혜를 항상 느낀다

내가 먼저 단단해져
옆 사람을 도우면
이렇게 이어져서
모두가 더불어 산다

꿈이냐 생시냐

깊은 어둠 속에서
조용히 시간을 쌓으며
보이지 않던 내일을
맞이한다는 것은

수많은 기다림이
어느덧 눈앞이고
꿈처럼 아득한 시간
생각보다 큰 행복

까마귀

처음에는 무섭다고 느낀
커다란 덩치가
음식물 쓰레기통에
앉아 소리친다

까악거리는 소리 속에
조용한 골목이 요란
배고픈 허기 때문에
체면 없이 퍼덕인다

희망찬 매일

매 순간마다 알게 되는
기적의 시간들
일상의 감사함으로
마중물을 붓는다

쌓여가는 기쁨들이
차곡차곡 탑을 쌓아
무너지지 않는 희망으로
매일매일 높아만 간다

연잎

물 위의 단아한 얼굴
햇빛만 머금은 고요
그 위의 이슬을 품고
빛을 바라는 물방울

드넓은 가슴으로
청개구리를 안고
그네 태워주는
사이 좋은 세상

쑥떡

봄바람 쑥 향기가
코 속 가득 들어온다
찹쌀가루와 쑥이 어울려
서로의 색을 잊으면

고운 옷 갈아입은
초록 봄빛이 되고
겨울을 버틴 생명력
대자연의 신비를 느낀다

독서의 기쁨

좁았던 생각에
새잎들이 돋아나고
나 홀로 떠나는
감동의 여행

페이지를 넘기면
낯선 세상이 보이고
문장 속에 흐르는 이야기
좁았던 마음의 창을 활짝

산책로

먹먹하게 가슴이 아프다
이름을 불러보지만
뺨을 스치는 젖은 바람
그리움에 흐르는 눈물

수없이 미안하다고 중얼
산책로의 아이들 향기가
가슴 아픈 미련이
이제는 곁에 없는 콩롤훈

오르막길

정상에 닿아야만
행복이 있을 것 같아
무거운 발걸음을
재촉하며 오른다

그러나 길 위에는
이미 많은 것이 있어
오르는 모든 순간
알게 되는 삶의 깊이

남산도서관

남산 높은 곳에
새벽마다 찾아가던
어느 젊은 청년이
우동 이야기를 해주었다

배고픔을 못 견뎌 먹으면
걸어가야 하는 귀가
가슴 아픈 이야기가
지금은 나의 짝

꿀

황금빛으로 빛난다
손가락 타고 흘러
꽃향기 머금은 달콤함이
목젖을 톡 쏜다

미지근한 물 한 잔에
잘 저어 녹이면
수고했을 벌들의
날갯소리가 들리는 듯하다

모두 함께

걸음의 보폭은 달라도
같은 방향을 바라보고
목소리의 톤은 달라도
환한 웃음을 나눈다

어려움은 반으로 나누고
기쁨은 서로 보태주며
서로 나란히 서서
함께 헤쳐나간다

칡가루

어두운 흙에서 자라
오랜 시간이 지나면
달큰한 쓴맛에
향기를 담고

힘든 기다림을
모두 이겨낸 끝에
마침내 힘을 돋우는
보약으로 거듭난다

만족하는 삶

없는 것을 보기보다는
내 손에 있는 것을
하나씩 세어보며
빈 마음을 채운다

욕심의 눈을 감고
만족의 눈을 뜨면
지금 있는 그 자리가
참된 행복이 된다

안구건조증

작은 바람에도 민감해지고
햇빛 아래 눈시울이 붉다
맺히던 눈물 한 방울이
소중한 줄 예전엔 몰랐다

눈이 뻑뻑해지는 불편
보는 것이 기적임을
당연히 누려온 일상
고마움을 새삼 느낀다

감자

여러 모습으로
탈바꿈을 잘하는
다양한 맛을 내는
여러 종류의 감자들

지글지글 감자전
바삭한 감자튀김
쫀득한 옹심이
휴게소의 알감자

소파에 누워

깊숙이 몸을 맡기자
시간은 밤이 되고
창밖의 소리도
아득히 멀어져 간다

아무것도 하지 않은 채
소파에 누우면
잠깐의 휴식으로
새로운 힘을 얻는다

아름다움

아름다움은
있는 그대로를
바라보는 눈에서
피어난다

숨겨진 가치를
제대로 알아볼 때
세상이 눈부시고
삶은 아름다워진다

오징어구이

똑같이 구운 오징어도
어떤 이는 쫄깃하다 하고
어떤 이는 질기다 하며
씹는 힘에 따라 다른 듯

같은 질감에도
느껴지는 마음 따라
삶도 맛이 달라지고
씹는 시간도 다른 듯

솟아날 구멍

솟아날 구멍은
하늘이 무너진 뒤에만
비로소 보이는 것은
아닐 것이다

다가오는 바람을
먼저 느끼고
조짐을 살피는 일이
삶을 만드는 지혜

공기청정기

저 홀로 들숨만으로
집단 공기를 깨끗이
먼지와 소음 사이에서
쉬지 않는 끈기

보이지 않은 공기 속에
버튼 하나에 기대어
자기 몫에 충실히
상쾌한 공간을 만든다

공감 능력

내 주장의 자리를
잠시 비워두고
상대의 눈으로
세상을 바라본다

그가 서 있는 위치
따라서 가보면
새롭게 알게 되는
그를 향한 이해

왜가리

한쪽 다리로 서서
그림자를 드리우고
얇은 다리로
흐르는 강을 막는다

바람이 세차도
흔들리지 않는 중심
혼자만의 고요 속에
생존을 위한 정진

호두

단단한 껍질을
조심스레 깨면
주름 깊은 속살
뇌를 닮았다 한다

쌉싸름한 맛을 지나
그다음의 고소함
한 알 속에
수많은 맛이 채워져 있다

멸치액젓

셀 수 없는 멸치들이
작은 병 속에 함께 모여
바다를 데려와서
맛있는 짠맛을 선사한다

아주 조금 몇 방울로도
무엇에든 간이 되는
신비로운 맛의 세계
그 배려에 참 고맙다

단순함

잔뜩 쥐고 있던 것들을
하나씩 내려놓고
비워낸 자리
커다란 여백이 생긴다

덜어낸 마음 위에
남은 한 가지
더 큰 가치를
헤아릴 줄 아는 지혜

행운의 역설

행운의 네 잎을 찾으려
풀밭을 헤매는 동안
발밑 가득한
세 잎의 행복을 밟는다

잎의 개수로 결정되는
행운이 아닌데
무얼 찾아 헤매는지
널린 행복을 짓밟는다

빈자리

함께 있을 때는
당연한 듯
그 자리가 얼마나 큰지
알지 못했다

비워진 자리에서
느껴지는 깨달음
내 곁의 사람들을
더욱 사랑해야지

곶감

반짝이던 겉옷을 벗고
더 진한 속살을 말려
숨어있던 단맛을
만들어내는 기다림
단단한 모습으로
고와진 자태의 곶감

클라리넷

최선을 다하는 아들의 연주
집안 가득 채우던 선율
고르고 또 고르던 긴 호흡
그 음악이 행복을 주고

이제는 더 넓은 곳에서
자신만의 훈련된 호흡으로
더 깊은 삶의 연주로
온 세상을 도와가고 있다

추억의 책장

마음 깊은 곳에
칸칸이 차려진 책장
살아온 날들이
한 권씩 책으로 쌓이고

향기 나는 페이지를
천천히 넘기며
먼지가 앉지 않도록
애지중지 한다

건강식품

몸을 살리려
무엇을 더 채울지
고민하지만
더하기보다 빼기

해로운 것을
삼가는 절제
건강을 지키는
최고의 건강식품

고향의 맛

많은 음식 속에서도
먼저 떠오르는 것은
익숙한 냄비 속에서
끓어오르던 그 향기

칼칼한 김치찌개
구수한 청국장
투박한 손으로
엄마가 해주시던 맛

모나미 펜

하얀 몸통에
까만 모자를 쓰고
곁에 머물던
우리들의 볼펜

하얀 종이 빼곡히
검은 길을 만들며
지금의 나를 만든
고마운 필기구

은행나무

오랜 세월 그 자리에
묵묵히 서서
마을을 지켜준
노거수

버들 같은 바람이
가지 사이를 지나고
사람들의 기도를
따뜻하게 품는다

조약돌

언제나 둥근 모습으로
물살 속에 흔들리며
거친 물결에
수만 번 이리저리

깎이고 다듬어진
울퉁불퉁 모서리
모진 세월 견뎌야
저렇게 둥글구나

갈치조림

두툼한 갈치가
양념 속에 익는다
고추장과 마늘 파 향이
식탁을 매콤하게 하면서

조려진 국물에 밥을 적시면
어릴 적 추억의 맛
가시를 바르시던 손길이
생각나서 눈이 따갑다

참새

삼삼오오 여럿 모여
노래하는 밝은 날에
알 수 없는 수다로
세상을 말한다

요란한 날갯짓에
햇살은 부서지고
조용하던 수풀이
심하게 요동친다

인생

굽이굽이 걸어온 길
뒤돌아보면
힘겨운 일
따뜻한 날도 많았다

기쁨도 슬픔도
차곡차곡 쌓여서
행복을 안겨주니
모든 날이 감사하다

가족사진

아이 모습으로
곁에 머물던 시간
어느새 어른이 되어
든든한 버팀목이

나란히 선 자리에서
느껴지는 사랑
사진 속 그 순간이
평생의 힘이 된다

참치 통조림

은빛 캔을 따면
바다 향이 살짝 난다
기름 사이로 떠오른
살결과 바다 한 조각

빵 위에 올리면 간단해도
속은 든든해진다
채소와 섞으면
손쉽게 만들어지는 샐러드

미안해 콩롤훈

잘못해서 미안해
아무 것도 모르면서

너희를 인형 대하듯
십여년을 함께한

우리의 무지를
용서해다오

많은 울음과 표정
못 알아본 내가 밉다

KOREA
UNIV.
KOREA
UNIV.
KORE
UNI